BEI GRIN MACHT SICH IHR WISSEN BEZAHLT

AF136068

- Wir veröffentlichen Ihre Hausarbeit, Bachelor- und Masterarbeit

- Ihr eigenes eBook und Buch - weltweit in allen wichtigen Shops

- Verdienen Sie an jedem Verkauf

Jetzt bei www.GRIN.com hochladen und kostenlos publizieren

Ein Krafttraining zur Linderung von Rückenschmerzen. Anamnese, Mikro- und Makrozyklus

Raphael Singer

Bibliografische Information der Deutschen Nationalbibliothek:

Die Deutsche Nationalbibliothek verzeichnet diese Publikation in der
Deutschen Nationalbibliografie; detaillierte bibliografische Daten sind
im Internet über http://dnb.d-nb.de abrufbar.

ISBN: 9783346603999
Dieses Buch ist auch als E-Book erhältlich.

© GRIN Publishing GmbH
Nymphenburger Straße 86
80636 München

Alle Rechte vorbehalten

Druck und Bindung: Books on Demand GmbH, Norderstedt Germany
Gedruckt auf säurefreiem Papier aus verantwortungsvollen Quellen

Das vorliegende Werk wurde sorgfältig erarbeitet. Dennoch
übernehmen Autoren und Verlag für die Richtigkeit von Angaben,
Hinweisen, Links und Ratschlägen sowie eventuelle Druckfehler keine
Haftung.

Das Buch bei GRIN: https://www.grin.com/document/1176865

Deutsche Hochschule für
Prävention und Gesundheitsmanagement

Einsendeaufgabe

Fachmodul:	Trainingslehre I
Studiengang:	Fitnessökonomie
Datum Präsenzphase:	24.02.2020 – 27.02.2020
Name, Vorname:	Singer, Raphael
Studienort:	**Saarbrücken**
Semester:	**WS19**

Inhaltsverzeichnis

-

1 Diagnose

Bevor wir mit der Trainingsplanung beginnen, ist es wichtig, sämtliche Daten über die Testperson zu entnehmen, damit man eventuelle Einschränkungen über die Trainierbarkeit des Kunden berücksichtigen kann. Die Daten werden während des Eingangsgespräch notiert, um diese später mit den Daten nach Beendigung des ersten Makrozyklus zu vergleichen, um Verbesserungen festzumachen und diese anschließend bei der Planung des zweiten Makrozyklus zu berücksichtigen.

1.1 Biometrische Daten

Tab. 1 Biometrische Daten der Testperson (eigene Darstellung)

Biometrische Daten	Daten zur Person
Alter	32
Geschlecht	männlich
Körpergröße	1,80m
Körpergewicht	82 Kg
Trainingsmotive	Linderung der Rückenschmerzen, Muskelaufbau, Wohlbefinden steigern (7 Skala 1-10)
Berufliche Tätigkeit	Informatiker
Frühere sportliche Betätigung	Fußball (3 Jahre lang), Krafttraining (im Fußballtraining)
Aktuelle sportliche Betätigung	Keine
Zeitlicher Verfügungsrahmen	4 Stunden pro Woche / 2 Trainingseinheiten pro Woche
Blutdruckwerte	122/81 mmHg
Orthopädische Einschränkungen	Schmerzen im unteren Rücken
Internistische Einschränkungen	Keine
Ärztliche Behandlungen	Kreuzbandriss, Außenbandriss

1.1.1 Bewertung des Blutdrucks

Ein genauer Blick in Tabelle 2 zeigt uns, dass sowohl der systolische Wert als auch der diastolische Wert des Blutdrucks unserer Testperson im Normbereich liegt und sich somit keine Einschränkungen auf die Belastbarkeit und die Trainierbarkeit des Kunden ergeben.

Tab. 2 Klassifikation des Blutdruckes (eigene Darstellung in Anlehnung an (Mancia et al., 2013, S.1286)

Klassifikation	Systolisch (mmHg)	Diastolisch(mmHg)
optimal	unter 120 mmHg	unter 80 mmHg
normal	unter 130 mmHg	unter 85mmHg
hochnormal	130-139 mmHg	85-89 mmHg
Hypertonie Grad 1	140-159 mmHg	90-99 mmHg
Hypertonie Grad 2	160-179 mmHg	100-109 mmHg
Hypertonie Grad 3	>180 mmHg	>110 mmHg

1.1.2 Bewertung des allgemeinen Gesundheitszustandes

Die Testperson klagt häufig über Schmerzen im unteren Rücken, was auf eine schwache Muskulatur im Bereich der Lendenwirbelsäule hinweist. Damit der Kunde schmerzfrei im unteren Rücken wird, wird man gezielte Trainingsübungen auswählen, die später bei der Bearbeitung des Mesozyklus ausführlicher behandelt werden. Über internistische Einschränkungen klagt der Kunde nicht. Ärztliche Behandlungen (Kreuzbandriss und Außenbandriss), die der Kunde sich beim Fußball spielen vollzogen hatte, haben laut der Testperson keinerlei Einschränkungen auf das Training. Der allgemeine Gesundheitszustand des Kunden haben demnach keine Einwirkungen auf die Trainierbarkeit und Belastbarkeit der Trainierenden, weshalb man später bei der Auswahl der Trainingsübungen für den Makrozyklus oder Mesozyklus frei und kreativ sein kann.

1.2 Krafttestung

Bei der Wahl des Krafttest hatte man die Möglichkeit zwischen drei verschieden Krafttests den geeignetsten auszuwählen, der am besten für den Kunden in Frage kommen
würde. Zur Auswahl stand der 1-RM Test, X-RM Test und das subjektive Belastungsempfinden. Die Testperson hat kaum Erfahrungen mit Krafttraining zu verzeichnen,
weshalb der 1-RM Test, bei dem mit der maximalen Leistungsfähigkeit gearbeitet wird,
nicht besonders gut geeignet ist. Das Risiko sich zu verletzen ist bei solch einem Maxi-
maltest als Beginner/Anfänger zu hoch. Da die Testperson aufgrund mangelnder Erfahrungen im Bereich des Krafttraining keinerlei Muskelgefühl hat und es deshalb zu Fehl-
einschätzungen der Trainingsintensitäten kommen kann, ist das subjektive Belastungsempfinden ebenfalls nicht geeignet. Demnach ist der X-RM Test wohl die geeignetste
Methode, um die Kraftwerte der Testperson zu testen.

1.2.1 Testablauf

Der Testablauf des Testes beginnt mit der Auswahl der Testübungen, die die Testperson
später ausführen wird. Die erste Übung ist der Rückenstrecker. Da der Proband eine
schwache Muskulatur im Bereich der Lendenwirbelsäule vorzuweisen hat, hat man sich
bewusst für diese Übung entschieden, damit man die aktuellen Kraftwerte bei dieser
Übung mit den späteren Kraftwerten der folgenden Tests vergleichen kann. Als Gegen-
spieler der Rückenmuskulatur folgt als zweite Testübung die Bauchmaschine, damit
auch die Gegenspielermuskulatur nicht vernachlässigt wird. Die letzte Testübung der
Testperson ist die Benpresse. Eine Grundübung, bei der viele Muskeln gleichzeitig
trainiert werden und damit sehr gut geeignet für das Muskelwachstum gerade bei Anfängern ist.

 Da nun die Testübungen festgelegt sind, wird noch das Trainingsziel benötigt, um die
Wiederholungszahlen für die jeweiligen Übungen zu bestimmen. Das übergeordnete
Ziel ist der Muskelaufbau. Da die Testperson wenig Muskelgefühl aufgrund der man-
gelnden Kenntnisse besitzt, wurde hier ein Wiederholungsbereich von fünfzehn Wiederholungen festgelegt.

Um die Muskulatur und den Körper ein wenig auf Betriebstemperatur zu bringen und
Verletzungen zu minimieren, wurde eine moderates und allgemeines Aufwärmtraining
von zehn bis fünfzehn Minuten auf einem Ausdauergerät wie das Laufband oder ein
Crosstrainer ausgewählt. Dabei sollte sich nicht völlig verausgabt werden. Eine niedrige

Intensität im genannten Zeitintervall ist völlig ausreichend, um anschließend während des Krafttraining mehr Kraft und Energie zu haben.

Das Einstiegsgewicht wird subjektiv durch den Trainer bestimmt, da die Testperson sich selbst nur schwer einschätzen kann. Der endgültige Kraftwert, der im Nachhinein dokumentiert wird, sollte immer nach maximal drei Testsätzen festgelegt werden.

Das Gewicht wird im zweiten Testsatz um 20% und im dritten Testsatz um 30% erhöht. Ist der erste Testsatz zu leicht, wird das Gewicht im zweiten Testsatz um 20% erhöht. Wenn das Gewicht im ersten Testsatz zu schwer für die Testperson ist, wird es um 20% Prozent verringert.

Bei der Durchführung der Testsätze sollte darauf geachtet werden, dass die Testperson beim Bewegungslauf weder zu schnell noch zu langsam ist, sondern die Übungen kontrolliert ausführt. Nach Eifler sollte der Bewegungsablauf immer nach 2|0|2 erfolgen. (TUT) (Eifler, 2018,S.246) Das heißt, dass die Bewegung zwei Sekunden konzentrisch bewegt wird, keine Sekunde statisch gehalten wird und zwei Sekunden eine exzentrische Bewegung ausgeführt wird.

Tab. 3 Kraftwerte des Krafttests

Testübungen	Einschätzungsgewicht (EG)	EG + 20%	EG + 30%	endgültige Kraftwerte
Rückenstrecker	25 Kg	X	X	25 Kg
Bauchmaschine	30 Kg	36 Kg	X	36 Kg
Beinpresse	50 Kg	60 Kg	65 Kg	65 Kg

Wie bereits vermutet war die Testperson bei der ersten Testübung am schwächsten. Lediglich das Einschätzungsgewicht war zu bewältigen. Für das Gewicht des zweiten Testsatzes, war die Rückenmuskulatur im Bereich der Lendenwirbelsäule zu schwach. Bei der Testübung hat der Kunde das Gewicht des zweiten Testsatzes bewältigt und in der letzten Testübung wurde sogar das Gewicht des dritten Testsatzes bewältigt. Die endgültigen Kraftwerte wurden in der oben erstellten ebenfalls notiert.

Mit Hilfe dieser Kraftwerte kann man nun die Leistungsentwicklung des Kunden dokumentieren, indem man nach Beendigung eines Mesozyklus einen Re-test unter gleichen Bedingungen durchführt. Dadurch wird erkannt, ob die Testperson sich in den jeweiligen Testübungen verbessert hat oder nicht. Falls keine Verbesserungen sichtbar sind, wird man dies bei der Trainingsplanung des zweiten Mesozyklus beachten.

Ein Vergleich der ersten Kraftwerten mit Normwerten ist ausgeschlossen, da jede Person so individuell auf Training reagiert, sodass man Leistungssteigerungen im Falle der Testperson nicht prognostizieren kann.

2 Zielsetzung/Prognose

Die Ziele des Kunden wurden bereits im Eingangsgespräch im Einzelnen durchgesprochen. Die Linderung der Rückenschmerzen im Bereich der Lendenwirbelsäule steht im Vordergrund. Andere Ziele wie der Muskelaufbau und die Steigerung des Wohlbefindens werden ebenfalls von dem Probanden genannt.

Tab. 4 Zielsetzung des Kunden (eigene Darstellung)

Inhalt	Ausmaß	Zeit
Linderung der Rücken-schmerzen im Bereich der Lendenwirbelsäule	Rückenstrecker Testge-wicht. 25 Kg -> 35 Kg	12 Wochen
Muskelaufbau	82 Kg -> 87 Kg	12 Wochen
Steigerung des Wohlbefin-dens	Skala 1-10 (subjektiv) 7-> 3	12 Wochen

Das Schmerzbefinden im unteren Rücken wird durch das dauerhafte Sitzen bei seiner Arbeit verursacht. Durch das permanente Sitzen wird seine Lendenwirbelsäule stark belastet. Um Verbesserungen der Rückenmuskulatur zu verzeichnen, hat man zu Beginn einen Krafttest gemacht. Ziel sind es zehn Kilogramm mehr als beim Krafttest zu bewältigen. Dies sollte er in einer Zeit von zwölf Wochen erreichen. Nach den 12 Wochen wird erneut ein Krafttest gemacht. Die Testperson wünscht sich etwas an Muskelmasse zuzunehmen. Da der Betroffene kein Sport treibt, ist seine Muskulatur dementsprechend abgeschwächt. Um eine Gewichtszunahme fest zu machen wurde sein Anfangsgewicht notiert. Fünf Kilogramm sollten ebenfalls in einem Zeitraum von zwölf Wochen zu erreichen sein. Das permanente Sitzen und die unregelmäßige Bewegung wirken sich natürlich auf sein Wohlbefinden aus. Das Wohlbefinden der Testperson ist nur messbar durch das subjektive Wohlbefinden. Dafür hat man eine Skala von 1-10 für den Kunden vorgeschlagen. Eine 7 scheint der Testperson am gerechtesten. Ausmaß des Ziels ist es innerhalb von zwölf Wochen eine 3 zu erreichen. Nach den zwölf Wochen wird wiederholt das subjektive Empfinden des Kunden ermittelt.

3 Trainingsplanung/Makrozyklus

Tab. 5 Makrozyklus Trainingsbeginner: deduktiver trainingsmethodischer Ansatz auf der Basis eines X-RM Tests (ILB-Methode) (eigene Darstellung)

	Mesozyklus I	Mesozyklus II	Mesozyklus III	Mesozyklus IV
Zyklusdauer	6 Wochen	4 Wochen	8 Wochen	8 Wochen
Trainingsziel	Kraftausdauer	Übergangstraining	Muskelaufbautraining	Muskelaufbautraining
Organisationsform	Ganzkörper/Stationstraining	Ganzkörper/Kreistraining	Ganzkörper/Stationstraining	Ganzkörper/Kreistraining
Häufigkeit/Woche	2	2	2	2
Übungen/Muskel	1-2	1-2	1-2	1-2
Sätze/Übung	3	3	3	23
Satzpausen	60 Sekunden	30 Sekunden	60 Sekunden	30 Sekunden
Wiederholungen	15	12-15	10-12	8-10
Intensität *	50-70% nach ILB-Methode	50-70% nach ILB-Methode	50-70% nach ILB-Methode	50-70% nach ILB-Methode
Bewegungstempo	TUT 2|0|2	TUT 2|0|2	TUT 2|0|2	TUT 2|0|2

* 50-70% des maximalen Gewichts für die jeweilige Wiederholungszahl

3.1 Begründung der Auswahl der übergeordneten Trainingsmethoden

Da die Testperson als Trainingsbeginner eingestuft wurde, wurde darauf geachtet, dass im ersten Mesozyklus ein Wiederholungsbereich von fünfzehn Wiederholungen festgelegt ist. In diesem Wiederholungsbereich trainiert der Kunde sowohl im Kraftausdauerbereich als auch leicht im Hypertrophiebereich. Das Ziel ist es, dass zunächst einmal verstärkt die Bewegungsausführung erlernt wird. Eine niedrige Intensität und dafür mehr Wiederholungen sind dafür sehr gut geeignet. Damit wird ebenfalls das Verletzungsrisiko stark verringert. Der zweite Zyklus ist ein Übergangstraining. Hier wird die Intensität leicht erhöht und die Wiederholungszahl leicht gesenkt, damit die Testperson auf später Intensitäten im höheren Bereich vorbereitet ist. Der dritte und letzte Mesozyklus des Makrozyklus wird im Wiederholungsbereich von 8-12 Wiederholungen stattfinden, der dem Hypertrophiebereich entspricht. Ziel dieser beider Zyklen ist Muskelaufbau, was bereits im Diagnosegespräch besprochen wurde. Da der Kunde bis dato bereits 10 Wochen trainiert und auf die höheren Intensitäten vorbereitet wurde, erlaubt der Leistungszustand des Kunden nun die Trainingsübungen mit höheren Intensitäten auszuführen.

3.2 Begründung der Belastungsparameter

Bei allen Mesozyklen des Makrozyklus wurden zwei Trainingseinheiten pro Woche ausgewählt. Der Kunde gab bereits im Eingangsgespräch an, dass er zeitlich bedingt zwei Trainingseinheiten pro Woche ausführen kann. Auch aus Sicht des Leistungszustandes des Kunden sind zwei Trainingseinheiten in einer Woche optimal, um als Beginner weder unterfordert noch überfordert zu sein. Da die Proteinbiosynthese nach einem intensiven Krafttraining bis zu 48 Stunden erhöht ist (Mac Dougall et al., 1995), und bereits eine Trainingseinheit für Beginner ausreicht, um signifikante Leistungszuwächse zu erzielen (Wirth, Aatzor & Schmidtbleicher2007), sind zwei Trainingseinheiten in der Woche im Falle der Testperson optimal, um Muskelzuwächse verzeichnen.

Bei der Wahl der der Übungen für eine Muskelgruppe hat man sich auf ein bis zwei Übungen geeinigt. Gerade bei großen Muskelgruppen, bei denen mehrere Synergisten bei einer Bewegung beteiligt sind (Brust,Beine,Rücken), sind zwei Übungen durchaus sinnvoll, da zum einen mehr Volumen (Belastungsumfang) verzeichnet wird und zum anderen mehr Muskeln gleichzeitig beansprucht werden, wodurch das Zusammenspiel der Agonisten, Antagonisten und Synergisten (intermuskluäre Koordination) verbessert wird. Kleinere Muskelgruppen, die ohnehin bei Übungen für größe Muskelgruppen beziehungsweise bei Grundübungen bereits beansprucht werden, ist eine Übung aussreichend. Der Armbeuger (M.biceps brachii) wird beispielsweise bei Übungen für den Rücken fast immer mittrainiert, weshalb eine Übung ausreichend ist.

Bei der Auswahl der Sätze wurde zwischen Einsatztraining und Mehrsatztraining gewählt. Da Studien zufolge ein Mehrsatztraining deutliche Verbesserungen der Kraftentwicklung hat (Buskies & Boeckh - Behrens, 2009), sind drei Sätze ein guter Richtwert für den Kunden. Das Volumen wird dadurch auch erhöht, was sich positiv auf die Kraftentwicklung auswirken kann. Auch für Koch und Hoff ist ein hohes Trainingsvolumen bedeutend für den Muskelaufbau (Koch & Hoff, 1999).Je weniger Übungen pro Muskelgruppe desto höher kann man die Sätze für eine Übung ansetzen,damit man dennoch auf hohes Volumen kommt. Auch im Bezug auf den Leistungsstand und den zeitlichen Verfügungsrahmen des Kunden spricht nichts gegen ein Mehrsatztraining.

Die Intensitätsbestimmung hängt stark von Leistungsstand des Kunden ab. Intensitätsbestimmungen auf Basis des 1-RM sind weniger geeignet für einen Beginner und demnach für Leistungssportler wohl die bessere Wahl. Außerdem werden maximale Intensitäten für nicht leistungsorientierte Sportler kritisch gesehen (Buskies, 1999). Intensitätsbestimmung auf Basis des subjektiven Belastungsempfinden des Kunden ist ebenfalls nicht geeignet. Wie bereits erklärt, besitzt der Kunde wenig Muskelgefühl aufgrund mangelnder Erfahrungen. Es besteht die Gefahr der Über-/ Unterschätzung der Intensität. Die Intensitätsbestimmung, die für den Kunden festgelegt wurde, ist auf der Basis eines X-RM erfolgt. Eine Krafttrainingsmethode hierfür, die speziell für nicht leistungsorientierte Sportler entwickelt wurde, ist die Individuelle-Leistungsbild-Mehode, die auch als Refernzgröße für die Berechnung der Trainingsintensität gilt (Eifler, 2000 , 2013). Bedeutend für die Berechnung der Intensitäten bei der ILB-Methode ist das Trainingsalter. Je mehr Trainingerfahrung eine Person hat, desto höher wird diese eingestuft, was wiederrum höhere Intensitäten bedeuten. Die Testperson wird nach dieser Methode als Beginner eingestuft und sollte zwichen 50-70 % des maximalen Gewichts für die jeweiligen Wiederholungen sein.

3.3 Begründung der Organisationsform

Ganzkörper oder Split-Training, Stationstraining oder Zirkeltraining? Der Leistungszu-stand des Kunden sowie die Zeit, die er in der Woche für das Trainieren investieren kann, spielen hierbei eine bedeutende Rolle. Da der Kunde ein Anfänger ist und er maximal zwei Mal die Woche zum Training kann, ist ein Ganzkörpertraining sehr gut geeignet, sodass er jede Muskelgruppe zwei Mal wöchentlich trainiert. Stellt sich nun die Frage, ob er diese in Stationen trainiert oder in einem Kreistraining. Da beides seine Vor- und Nachteile hat, wird nach jedem Mesozyklus gewechselt, um neue Reize zu setzen und der Monotonie entgegenzuwirken. Bei der Trainingsdurchführung wird sich dabei nicht viel ändern, außer der Belastungsdichte. Zwischen Übungen des Kreistrainings wird 30 Sekunden Pause gemacht und zwischen Serien der Übungen des Stationstrainings wird 60 Sekunden Pause gemacht. Beim Kreistraining werden alle Übungen in einer kurzen Zeit hintereinander ausgeführt, um anschließend nach dem Zirkel eine größere Pause zu machen. Beim Stationstraining ist die Muskelermüdung durch die aufeinanderfolgenden Sätze der Muskelgruppen stärker.

3.4 Begründung der Periodisierung

Es existieren verschieden Ansätze zur Periodisierung. Die Periodisierung, die für die Testperson festgelegt wurde, ist die klassische (lineare) Periodisierung (Kraemer & Fleck, 2007, S. 5-6) oder auch Blockperiodisierung genannt. Intensitäten werden nach jedem Mesozyklus progressiv gesteigert und Wiederholungen werden regressiv verringert. Für den ersten Mesozyklus sind sechs Wochen vorgesehen, in denen er viel Wert auf die Bewegungsausführung legen sollte. Der zweite Mesozyklus wird ein Übergangstraining von 4 Wochen sein. Hier wird mehr Fokus auf die Vorbereitung der progressiven Intensitäten gesetzt. Die letzten beiden Zyklen gehen jeweils acht Wochen, da beide das Trainingsziel Muskelaufbau haben und der Kunde darauf seinen Fokus legen möchte, das bereits bei der Anamnese im Einzelnen besprochen wurde. Insgesamt kann man sagen, dass die Testperson in den ersten beiden Zyklen für den Einstieg und die Vorbereitung auf die etwas niedrigen Intensitäten sind. Auf die anderen beiden Mesozyklen wird der Fokus gelegt, weshalb diese auch jeweils 8 Wochen gehen.

4 Trainingsplanung/Mesozyklus

Tab. 6 Mesozyklus I: Kraftausdauer; Ganzkörpertraining; 6 Wochen (eigene Darstellung)

Mus-kel-gruppe	Übung/Muskelgruppe	Übungen	Sätze/Übungen	Wiederholungen	Intensität*	Satzpausen (in s)	Bewegungstempo
Rücken	2	Hyper-extensions	3	15	50-70%	60	TUT 2/0/2
		Lat-zugma-schine	3	15	50-70%	60	TUT 2/0/2
Beine	1	Bei-presse	3	15	50-70%	60	TUT 2/0/2
Brust	2	Brust-presse	3	15	50-70%	60	TUT 2/0/2
		Butterfly	3	15	50-70%	60	TUT 2/0/2
Arme	2	Bi-zeps-maschine	3	15	50-70%	60	TUT 2/0/2
		Tri-zeps-maschine	3	15	50-70%	60	TUT 2/0/2
Bauch	1	Bauch-maschine	3	15	50-70%	60	TUT 2/0/2

*nach ILB-Methode

4.1 Begründung der Übungsauswahl

Mehrere Aspekte wurden bei der Übungsauswahl berücksichtigt. Was deutlich zu sehen ist, sind die größeren Muskelgruppen (Rücken, Beine, Brust) vor den etwas kleineren Muskelgruppen (Arme, Bauch). Der Körper muss mehr Energie aufwänden, um die größeren Muskelgruppen zu beanspruchen. Da unsere Energie logischerweise anfangs am größten ist, werden die größeren Muskelgruppen vor den kleineren Muskelgruppen eingeordnet. Um Synergisten jeweiliger Muskelgruppen nicht vor zu ermüden, werden mehrgelenkige Übungen vor eingelenkigen Übungen ausgeführt (Bompa & Carrera, 2005, S.69). Dieser Grundsatz wird unter dem Aspekt der Komplexität verstanden. Übungen für den Rücken, die Brust und für die Beine werden demnach vor Übungen für Bizeps, Trizeps und Bauch ausgeführt. Die erste Übung für den Kunden, die es auszuführen gilt, ist der Hyperextension. Diese Übung beansprucht die Rückenmuskulatur im Bereich der Lendenwirbelsäule, die, wie bereits bei der Diagnose erwähnt, deutlich abgeschwächt ist und deshalb gestärkt werden soll. Der Kunde besitz anfangs die meiste Kraft, weshalb er auch bei dieser Übung deutlich mehr Gewicht bewältigen wird und damit mehr Leistungszuwächse erzielen wird, als wenn die Übung das Schlusslicht der Reihenfolge bilden würde. Die Entscheidung wurde nach dem Aspekt der Priorität festgelegt. Als Beginner hat man es schwer, bestimmte Techniken von Anfang an auszuführen und zu erlernen. Aus diesem Grund wird Schwerpunkt Krafttraining mit Maschinen gelegt, die sich hervorragend für Anfänger eignen. Durch Maschinen wird das Erlernen der Techniken leichter und schneller. Ebenfalls wird das Verletzungsrisiko durch die geführten Bewegungen verringert.

4.2 Hyperextension

Hyperextension ist eine Übung, die mit eigenem Körpergewicht ausgeführt wird. Sie beansprucht hauptsächlich die Rückenmuskulatur im Bereich der Lendenwirbelsäule sowohl der Beinbeuger und das Gesäß. Da der Kunde die Priorität hat, die Muskulatur im Bereich der Lendenwirbelsäule zu verbessern und zu stärken ist diese auch an erster Stelle des Zyklus. Durch das Trainieren an dieser Übung, wird die Wirbelsäule sowohl entlastet als auch stabilisiert, wodurch Schmerzen im Alltag gelindert werden.

4.3 Latzugmaschine

Um nicht nur Priorität auf den untern Bereich des Rückens zu legen ist an zweiter Stelle eine Übung, die etwas mehr den oberen Rücken, genauer gesagt, den breiten Rücken-muskel (M. latissimus dorsi) beansprucht. Der Armbeuger (M. biceps brachii) wird hier ebenfalls mit beansprucht. Wie der Name bereits hergibt, handelt es sich hierbei um eine Maschine. Die Bewegung ist somit geführt, was das Erlernen der Technik verein-facht und das Verletzungsrisiko sinkt. Eine Verbesserung der Muskulatur löst bei-spielsweise Verspannungen im Schulter-Nacken Bereich, die durch den Stress des Kun-den, den er ebenfalls abbauen möchte. Eine ausgeprägte Muskulatur des breiten Rü-ckenmuskels sorgt für die beliebte V-Form, die in T-Shirts oder im Sommer am Strand deutlich zu sehen ist.

4.4 Beinpresse

Die Beinpresse ist eine mehrgelenkige Übung (Hüft-/ Kniegelenk). Bei der Bewegungs-ausführung werden die vorderen und hinteren Oberschenkel trainiert als auch das Ge-säß. Es ist also eine sehr gute Übung, um ordentlich Muskelmasse im Bereich der unte-ren Extremitäten aufzubauen. Des Weiteren ist die Beinpresse geführt und sehr gut ge-sichert, weshalb auch große Lasten bewältigt werden können, ohne sich verletzen zu müssen. Der Nutzen, der sich für die Testperson ergibt, ist die Stabilisierung des Knie-gelenks und die Unterstützung des Muskelaufbaus durch gleichzeitige Aktivierung und Beanspruchung mehrerer Muskeln.

4.5 Brustpresse

Die Brustpresse ist ebenfalls eine mehrgelenkige Übung (Schulter-/Ellenbogengelenk), bei der Brust, die vorderen Schultermuskeln und der Armstrecker (Trizeps) trainiert werden. Der Bewegungsablauf ist hier ebenfalls geführt, was das Verletzungsrisiko deutlich einschränkt. Da drei Muskelgruppen beansprucht werden, ist diese Übung her-vorragend, um Muskelmasse für die Brust, die Arme (Trizeps) und die Schulter (vorde-rer Anteil) aufzubauen. Muskelaufbau ist für den Kunden demnach gesichert. Es wird eine gute Grundmuskulatur aufgebaut. Hohe Lasten können durch die geführte Mecha-nik ebenfalls bewältigt werden und Techniken, die für das Bankdrücken notwendig sind, werden leichter erlernt.

4.6 Butterfly

Als Butterfly wird im Krafttraining eine isolierte Übung für die Brust gemeint. Isoliert bedeutet, dass fast ausschließlich nur der Brustmuskel trainiert wird. Durch eine Adduktion des Schultergelenks wird hier sehr gut die gesamte Brust trainiert und gekräftigt. Die Bewegungsreichweite (range of motion) ist bei dieser Übung deutlich größer wie bei anderen Brustübungen, weshalb bei einer Bewegung viel Muskelfasern der Brust rekrutiert werden. Wo bei der Brustpresse eher Kraft und Masse gewonnen hier, so wird man beim Butterfly eine schöne Definition durch die größere Bewegungsreichweite erlangen. Die Mechanik des Butterflys ist ebenfalls geführt. Eine Vorermüdung des Armstreckers oder der Schultermuskulatur hat beim Butterfly kaum negative Einwirkungen.

4.7 Trizepsmaschine

Damit der Kunde die Möglichkeit hat den Armstrecker isoliert zu trainieren, wurde eine Übung wie diese entwickelt. Bei dieser Übung wird ausschließlich nur der Armstrecker (M. triceps brachii) trainiert. Eine Verbesserung des Armstreckers wird sich auch beim Brustpressen bemerkbar machen, da dieser die Brust bei der Anteversion unterstützt, was wiederrum bedeutet, je mehr Kraft im Trizeps aufgebaut wird, desto mehr Kraft kann bei der Brustpresse entfalten werden. Der Trizeps macht etwa 2/3 des Oberarms aus. Demnach wird eine kräftige Muskulatur des Armstreckers für einen breiteren Oberarm sorgen. Die Mechanik der Bewegung ist auch hier wieder geführt. Bei isolierten Übungen hat man den wesentlichen Vorteil die Ausführungen ohne Schwingen mit der Schulter auszuführen. Dadurch wird der Zielmuskel isoliert trainiert.

4.8 Bizepsmaschine

Die Bizepsmaschine ist eine isolierte Übung für den Armbeuger, der wie bereits bei 4.3 erwähnt den Rücken beim Latzug durch eine Beugung des Arms unterstützt. Je kräftiger also die Muskulatur des Bizeps ist, desto mehr Kraft hat beim Ausführen der Latzugmaschine. Auch hier wird der Zielmuskel isoliert trainiert und verhindert somit das Schwingen der Schulter, dass man oft bei Bizepscurls mit Kurzhanteln beobachten kann. Durch die geführte Mechanik, kann hier sehr gut die Technik erlernt werden. Der

Kunde kann also durch eine stärkere Muskulatur des Armbeugers auch gleichzeitig die Rückenmuskulatur verbessern, da mehr Kraft beim Latzug vorhanden ist.

4.9 Bauchmaschine

Das Schlusslicht bildet eine Übung für den Bauch des Kunden. Da der Kunde während des Arbeitstages fast ausschließlich am Sitzen ist, ist die Muskulatur des gesamten Rumpfes unterentwickelt. Die Bauchmaschine trainiert sowohl den geraden Bauchmuskel als auch die schrägen Bauchmuskeln als unterstützende Muskulatur. Eine Verbesserung der Bauchmuskulatur des Kunden führt zu einer Kräftigung und Stärkung des Rumpfes und damit für einen aufrechten Gang. Der untere Rücken wird durch einen stärkeren Rumpf ebenfalls geschützt. Die Übungsausführung kann fehlerfrei ausgeführt werden durch die geführte Mechanik und die korrekte Einweisung des Trainers.

5 Literaturrecherche

5.1 1 Studie

Tab. 7 Effekte des Krafttrainings bei Diabetes Typ II (eigene Darstellung nach (Pennington Biomedical Research Center, 2010)

Wer hat die Studie durchgeführt?	Pennington Biomedical Research Center, Louisiana State University
Jahr der Publikation	2010
Forschungsfrage	Vorteile von Krafttraining, Ausdauertraining und eine Kombination aus beiden im Bezug auf das HbA1c* bei Personen mit Diabetes Typ II
Versuchspersonen	262 Personen (Frauen und Männer)
Versuchsaufbau der Studie	72 wurde AT* zugeteilt, 73 wurde RT* zugeteilt, 76 wurden der Kombination aus beiden zugeteilt und der Rest (41) hat kein Krafttraining gemacht. Die Versuchspersonen hatten einen Zeitraum von 9 Monaten vorgegeben
Ergebnisse/Schlussfolgerungen	Alle Gruppen, die trainiert haben, haben 1,9-2,8 cm Umfang an der Taille verloren Eine Kombination des AT und RT hat die

	größten Veränderungen im Bezug des HbA1c gezeigt. Hier wurde der HbA1 um 0,34% gesenkt. Beim AT um 0,24% und beim RT um 0,16%. Daraus ergibt sich, dass eine Kombination aus AT und RT am effektivsten ist die HbA1 Werte zu senken.

*HbA1c – Teil des Hämoglobins der an Glucose gebunden ist

*AT – Ausdauertraining

*RT – Resistance Training (Krafttraining)

5.2 2 Studie

Tab. 8 Effekte des Krafttrainings bei Diabetes Typ II (eigene Darstellung nach (Institute for Physical Activity and Nutrition, 2017))

Wer hat die Studie durchgeführt?	Institute for Physical Activity and Nutrition, Deakin University, Geelong, Australia.
Jahr der Publikation	2017
Forschungsfrage	Effekte durch progressives Krafttraining mit leichtem Gewichtsverlust vs. alleiniger Gewichtsverlust im Bezug auf die entzündlichen endothelialen Biomarker (biologische Parameter) bei älteren Personen mit Diabetes Typ II
Versuchspersonen	36 übergewichtige und inaktive Personen zwischen 60-80 Jahren
Versuchsaufbau der Studie	Die Dauer des Experiments war 12 Monate. Sechs Monate mit progressiven Krafttraining und moderatem Gewichtsverlust und danach sechs Monate Übungen von zu Hause. Alle drei Monate werden Blutwerte abgenommen, um Werte wie IL* oder TNF* zu überprüfen und zu vergleichen

Wer hat die Studie durchgeführt?	Institute for Physical Activity and Nutrition, Deakin University, Geelong, Australia.
Ergebnisse/Schlussfolgerungen	In den ersten 6 Monaten wurde keine signifikanten und relevanten Unterschiede verzeichnet. Ab dem 9. Monat wurde eine Reduktion des IL durch die Gruppe, die Krafttraining machte verzeichnet. Auch der TNF wurde ab dem 9.Monat bei dieser Gruppe gesenkt, daraus wird geschlussfolgert, dass Personen mit Diabetes Typ II ihre Biomarker durch längerfristiges Krafttraining verbessern können.

*IL – Faktor für Interleukin

*TNF – Tumor Nekrose Faktor

6 Literaturverzeichnis

Buskies,W. & Boeckh-Behrens, W.-U. (2009). *Fitness-Gesundheits-Training. Die besten Übungen und Programme für das ganze Leben* (Bd 61084). Reinbek bei Hamburg: Rowohlt.

Buskies, W. (1999). Sanftes Krafttraining nach dem subjektiven Belastungsempfinden versus Training bis zu muskulären Ausbelastung. *Deutsche Zeitschrift für Sportmedizin*, S. 316-320.

Eifler, C. (2000). *Krafttraining nach der ILB-Methode- Eine empirische Überprüfung der Trainingseffekte bei Anfängern und Fortgeschrittenen.* Diplomarbeit. Universität des Saarlandes, Saarbrücken.

Eifler, C. (2013). *Empirische Überprüfung der Effekte verschiedener Ansätze zur Intensitätssteuerung im fitnessorientierten Krafttraining.* Dissertation. Universität des Saarlandes, Saarbrücken.

Koch, A. & Haff, G. G (1999). Training for size vs. Training for power. *Muscular Development,* 33 (8), 96-103

Wirth, Aatzor, & Schmidtbleicher. (2007). Veränderungen der Muskelmasse in Abhängigkeit von Trainingshäufigkeit und Leistungsniveau. *Orginalia.*

Kraemer, W. J. & Fleck, S. J. (2007). *Optimizing strength training. Designing nonlinear periodization workouts.* Champaign, IL: Human Kinetics.

Toigo, M. (2006b). *Trainingsrelevante Determinanten der molekularen und zellulären Skelettmuskeladaptation.* Teil 2: Adaptation von Querschnitt und Fasertypmodulen. Schweizerische Zeitschrift für Sportmedizin und Sporttraumatologie, 54(4), 121-132.

Goto, K., Takahashi, K., Yamamoto, M. & Takamatsu, K. (2008). Hormone and recovery responses to resistance exercises with slow movement. The Journal of Physiological Sciences. 58 (1), 7-14

Mac Dougall, J. D., Gibala, M. J., Tarnopolsky, M.A., Mac Donal, J. R., Interisano, S. A. & Yarasheki, K. E. (1995). The time course for elevated muscle protein synthesis following heavy resistance exercise. Canadian Journal of Applied Physiology, 20 (4), 480-486.

Institute for Physical Activity and Nutrition, D. U. (2017). *PubMed.* Von https://www.ncbi.nlm.nih.gov/pubmed/28597102 abgerufen

Pennington Biomedical Research Center, L. S. (2010). *JamaNetwork.* Von https://jamanetwork.com/journals/jama/fullarticle/186960 abgerufen

7 Abbildungs- und Tabellenverzeichnis

7.1 Abbildungsverzeichnis

7.2 Tabellenverzeichnis